¡Buscándose están a ti
en la faz del universo,
sin saber que estás aquí.

¿Te delato? ¿Les
confieso
que te tengo junto a mí?

¡No! Me mantendré en
silencio
por miedo a vivir sin ti.
Conocerían la envidia
si se lo llego a decir...

Sólo deseo
expresar
lo que yo siento
por ti,
más no
encontrando
palabras,
el silencio habla
por mí.

Bajo la magia de la luna llena

Poemas

Aurora Calvo
Ana de Montserrat VR

© Aurora Calvo y Ana de Montserrat VR

Todos los derechos reservados

Primera edición

Este libro está protegido por las leyes de Copyright. Queda prohibida la reproducción, transmisión o almacenamiento total o parcial del material que forma parte de esta publicación, por cualquier medio, sin la autorización conjunta, y por escrito, de las autoras.

Autoras redactoras:

Aurora Calvo y Ana de Montserrat VR

Maquetación y corrección: Aurora Calvo

Dedicatoria

Dedicado, con amor, a
todas las personas de cuyos
corazones emanan
hermosos sentimientos y
pensamientos ¡los
pensamientos del corazón!

I

¿Recuerdas aquellas flores
con las que me enamoraste?
Si las comparo contigo ninguna
puede igualarte.

Que si ellas tienen la gracia
en su piel, del terciopelo,
tu alma tiene la belleza
de los ángeles del cielo.

II

Te dije que me bajaras
dos estrellitas del cielo
para hacerme un prendedor
que sujetara mi pelo.

−Ese es un capricho caro
y vanidoso ¡No! ¡No!
¿Cómo quieres que le robe
dos astros a mi Señor?

−Bueno... si el Señor no quiere
darme dos estrellas, yo
le daré a Él un abrazo
unido a una oración.

El Señor estaba oyendo
lo que hablábamos tú y yo.
Y esa noche... dos estrellas
el Señor me regaló.

III

¡Cómo se ha pasado el tiempo!
Hemos reído y llorado.

Tuvimos cantos y bailes
y fiestas... ¡y malos ratos!

Pero aquí seguimos juntos.
Ánimo, familia, ¡vamos!
que los cambios son muy buenos,
y seguiremos cambiando.

Pero unidos en el alma.
Os amo a todos ¡Os amo!

IV

Cava surcos de grandeza,
y planta en mi corazón
semillas de amor eterno
que se transformen en flor.

Y la flor haga, de nuevo,
otra semilla de amor
para eternizar la magia
de un ciclo conmovedor
que me lleve a las alturas…
que disfrutemos los dos.

V

Se me verá muy bonito
en mi gran fiesta de cumple.
Vendrán todos mis amigos.
Tendremos pastel y dulces...

Y también habrá piñatas
y globos... ¡y muchas chuches!
Y sobre todo... habrá amor
en la fiesta de mi cumple.

VI

Hasta el cielo se estremece
contemplando las bondades
de tu hermoso corazón.

Tú despertaste a tu paso
a todos los bellos ángeles,
que dormían junto a Dios.

Buscando están la causante
de ese cese de su sueño.

¡Buscándote están a ti!
en la faz del universo,
sin saber que estás aquí.

¿Te delato? ¿Les confieso
que te tengo junto a mí?

¡No! Me mantendré en silencio
por miedo a vivir sin ti.
Conocerían la envidia
si se lo llego a decir...
y tal vez... tal vez vinieran
y te llevaran allí.

VII

¡Buen día, Rayel! –te dice
el hermoso amanecer–,
dando un beso en tu mejilla
y acariciando tu piel.

Despierta ya, que te llaman
el sol, el azul del cielo
y la brisa juguetona
para decirte: "Te quiero".

VIII

Ahava, la niña tierna
que toca los corazones
con la dulzura de un ángel.
Que reparte bendiciones,
por donde, grácil, camina.

Al amor hace poema,
a las almas las inspira
y comparte, con bondad,
sabiduría de vida.

Dondequiera que se encuentre
siempre busca la verdad,
siempre hay preguntas en ella
que albergan la claridad
de los brillos de una estrella.

Con las palabras... la pluma...
siempre le gusta crear.

Si llegas a conocerla
para siempre la amarás.

IX

Sonríe siempre, aunque llueva,
no olvides el arcoíris.
Si está oculto ¡búscalo!,
excelsa imagen de Osiris.

Lanza al viento tus palabras.
Nunca deberás callar
los sentimientos que quiera
tu corazón expresar.

Lleva tu forma de amar
hasta el confín de los cielos.
Siempre habrá juicios malditos
que destruyan tus anhelos.

Y eso... solo es dolor.
Por eso, mi dulce Osiris,
haz brillar el arcoíris
sobre el Nilo de tu amor.

Tú sabes que es amor puro,
tú conoces la verdad.
¿Qué te importa que murmuren?
No es tu responsabilidad.

El tiempo arruga la vida
y la merma sin piedad.
Vívelo aquí y ahora.
Si ves que te equivocaste...
si no funciona ¡ya está!
Pero al menos ¡lo intentaste!

X

Miré al cielo. Y una estrella
me aseguró desde allí:
−Si pronuncias "*Auryana*"
el aire te hará feliz.

Con la ilusión en los ojos
extrañada sonreí,
y Auryana pronuncié
porque en la estrella creí.

El aire llamó a mi puerta
disfrazado de fortuna
y un regalo me dejó
envuelto en rayos de luna.

Corté los rayos de plata.
Y, al mirar en su interior,
abrazada a la sorpresa
una lágrima brotó.

Cargadas de dulces notas
del Reino del Esplendor,
las manos de la dulzura
tocaban una canción,
mientras deseos tan suaves
como pétalos de flor,
bajo la luz de la luna,
bailaban alrededor.

Y en los versos de un poema,
con latidos de algodón,
hilos de seda envolvían
palabras hechas de amor.

—¿Quién me envía tal belleza?
—al aire le pregunté—.
Y el aire me contestó:
—El corazón de Rayel.

—Es un corazón de oro
—bajito le susurré—.
Es el corazón de un ángel
que descendió del Edén.

XI

Detrás del seto hay un muro.
Detrás del muro, una fuente.
Detrás de la fuente, un beso
que te espera con amor.

Un beso tan impaciente
que va a morir de locura
si no mira, si no siente
de los tuyos el dulzor.

Si no llegas, moriré
de tristeza por no verte.

Quiero rozar esos labios,
mirar tus ojos, perderme,

zambullirme en ese cielo
que hay debajo de tu frente,

dormirme sobre tu pecho
y sentir tu corazón
como un murmullo que nace
del manantial de tu amor;

de ese amor del que soy parte
de ese amor, que es mi reflejo,
de ese amor que no distingue
quién es uno y quién su espejo.

Quiero sentir tus caricias
como las olas del mar,
que se van… pero regresan
otra vez a acariciar.

Abrázame y no me sueltes.

Quiero en tus brazos partir
al poema más brillante
y allí por siempre dormir.

XII

El agua corría fresca
por la orillita del río,
donde la bella gitana
sollozaba entre suspiros.

El caracol de la hierba...
y las flores... y los mirlos...
le preguntaban:
                –Gitana...
¿Por qué lloras? ¿Qué has
perdido?

La gitanita dirige
su mirada hacia la orilla
y dos lágrimas resbalan
por sus morenas mejillas.

Ella contesta en voz baja,
con el acento quebrado:
−Vengo a reclamar al agua
lo que el agua me ha robado.

−¿Qué se llevó la corriente,
que te tiene tan callada?

−Se ha llevado entre sus dedos
mi anillo de desposada.

−¡Cuántos quisieran tenerte!
gitana ¡bella gitana!
¡Cuántos quisieran besar
esa sonrisa, esa cara!
¿Y lloras por un anillo
que se te ha llevado el agua?

−Ese anillo era el testigo
de que mi amado me amaba.
Ese anillo no lo cambio
ni por otro... ¡ni por nada!

Ese anillo era mi fuerza
¡Y se lo ha llevado el agua!

Ese anillo vio nacer
una niña enamorada.
Testigo fue de mis besos.
¡Y se lo ha llevado el agua!

Las manos que me pusieron
ese anillito de plata
ya no acarician las mías,
ya no recorren mi espalda.

Ya no cogen mi cintura
ni rasguean la guitarra.
Ni suavizan mi melena
ni hacen, con juncos, canastas,
donde traerme las flores
que para mí cultivaban.

Ya no están en este mundo
las manos que acariciaba.

Juré un día, ante el altar
que eternamente llevara
esa sortija en mi dedo
¡Y ya no puedo llevarla!

Buscando bellos recuerdos
vine hasta aquí esta mañana.

Metí la mano en el río
¡Y se la ha llevado el agua!

Ese anillo no lo cambio
ni por oro ¡ni por nada!

Un pez que la estaba oyendo,
movido por tanto amor,
se fue hasta el fondo del río
y la sortija buscó.

−Abre las manos, gitana,
−le dijo el pez, con amor−.
Y cuando ella abrió las manos
el anillo le entregó.

La gitana, por la noche,
a cierta estrella miró.
Y, amorosamente, el cielo
de nuevo los desposó
cuando el anillo, en el dedo,
bajo la estrella lució.

Una voz que procedía
de aquella estrella, se oyó:

−Eternamente a tu lado.
Eternamente, ¡mi amor!

XIII

Dijiste que me prestabas
tus zapatitos de luz,
y tu anillo de diamantes
y tu vestido de tul.
Y, a cambio, yo te daría
lo que me pidieras tú.

Me fui, según me pediste,
a pedir permiso al cielo
para bailar entre nubes
con estrellas y luceros.

Fui al fondo de la mar
a buscar esos corales
que te hacían suspirar.

Logré ir, con mi corcel,
al interior de la tierra
y robar de sus entrañas
el fuego que tú bebieras.

A adentrarme en el confín
sumisa me apresuré
para robarle a una estrella
el brillo, que te entregué.

Y después... no me prestaste
tus zapatitos de luz
ni tu anillo de diamantes
ni tu vestido de tul.

¡Traidora! –dije enfadada–
¡Embustera! –te grité–.
Y con el grito en mis labios
confusa me desperté.

Al abrir los ojos vi,
cuando salí de mi sueño,
que contemplabas mi cara
desde lo alto del cielo,

que mientras yo descansaba
me custodiabas con celo
para que no me dañaran.

¡¡Ay Luna, luna redonda!!
brujo amor de los luceros.
¡¡Ay luna, luna gitana!!
musa de mi romancero.
¡¡Ay luna, luna bendita!!
¡¡Ay luna, luna del ciervo!!

Me levanté de la hierba
y me dirigí al lago.
Y allí vi que, entre sus aguas,
tu cara estaba llorando.

Y te dije:

—¿Por qué lloras?

—Porque tú me has insultado.

XIV

Canta, corazón valiente,
haz que se escuche tu canto.
No busques una razón
¡hazlo! solamente hazlo.

Baila, amor. Exprésate
con movimientos alados.
No dejes que te encadenen
ni con cuerdas ni con lazos.

Siente la delicadeza
de un corazón asedado,
besa con blanca ternura
la suavidad de unos labios.

La vida se escapa rauda
como el pez entre las manos…
No lo retrases ya más
¡hazlo! Solamente hazlo.
Hazlo deprisa y ahora,
que si no es ahora... ¿cuándo?

XV

La ola le dijo al mar,
la rosa dijo al jardín,
la luna le dijo al sol
lo que yo te digo a ti:

Que Dios te ilumine siempre,
que siempre seas feliz,
que en tu vida siempre tengas
alguien a quien bendecir.

Como yo bendigo al cielo,
como te bendigo a ti.

XVI

Cuando abras los ojos
tendrás a tu lado
tres lindos presentes
que yo te he enviado:

Un abrazo eterno,
un beso de miel
y una flor que dice:
¡Buen día, Rayel!

XVII

—Buen día —dice la rosa.

—Buen día —dice el clavel.

—Buen día —le digo yo
a mi amiguita Rayel.

Vamos a pintar el día
con pinceles de color,
con lápices de alegría
y plumas de bendición.

Vamos a pintar un día
con sonrisas de algodón,
un día cálido y tierno
para disfrutar tú y yo.

XVIII

Cinco minutos pediste,
poco antes de partir,
a mi corazón dolido
que no deseaba oír.

Tan solo cinco minutos
que, cegada, no te di.
Me negué siempre a escucharte,
no podía verte así.

Aquel día infortunado
me impulsó no sé qué suerte.
¡Quien me iba a decir a mí
que no volvería a verte!

Tus palabras doloridas,
tus raros comportamientos,
tu manera de sentir…
¡cuántos avisos me dieron!
Lo miraba y no entendía.
No pude... no supe verlo.

Quizá mi huida infantil
te destrozó el corazón.
Pero a cambio de esa huida
me diste tu bendición.

Ahora veo y digo al cielo
donde, seguro, tú estás:
"sin duda hubiera escuchado
si hubiera sabido más".

Si hubiera sabido todo,
si hubiera sabido más…
un pretexto hubiera usado
para poder regresar.

¡Mi abrazo no faltaría
si hubiera sabido más!

Ahora sé que lo entendieron
¡Así tenía que ser!
Fue perfecto.

XIX

Tengo un amor que me viene
todas las noches a ver.
Amoroso abre sus brazos
para que duerma con él.

Es paciente y verdadero,
es complaciente y es fiel.
¡Me espera todas las noches
para que duerma con él!

XX

Hay amores grises,
hay amores negros,
hay amores blancos,
los hay de color.

Pero el que yo tengo,
el que me domina,
el que me posee
es multicolor.

Por más tiempos que recuerde,
por más vidas que pasaran
es imposible olvidar
la calidez de tu alma.

XXI

El amor dobló sus alas,
ya no quiso volar más,
y agazapado te espera
por si tú quieres volar.

Sólo quería mostrarte
lo bello, a su parecer,
de ese pedazo de cielo
que pudiste conocer.

Solamente pretendía
que te perdieras con él
en ese límpido cielo
que tú te negaste a ver.

XXII

Tengo un caracol amigo
que me viene visitar
y me enseña ¡tantas cosas!
¡Me muestra tanta verdad!

Me habla de tener paciencia
sólo con su caminar.

Me dice: "¿Para qué quieres
riquezas almacenar?
Mira… yo tengo una casa
y no tengo nada más.
El resto me lo da el cielo
al despertar".

XXIII

Caminaba por el bosque
siempre triste, siempre sola
aquella moza morena
a quien llamaban "la loca".

Ella hablaba con el aire,
con los juncos, con el agua...
y a gritos, hechos pedazos,
una deuda reclamaba:

Si es verdad que el mal que se hace
se deberá de pagar,
el bosque debe pagarme
una deuda colosal.

*Un día... por el Dios bueno
será juzgado y será
condenado a devolverme
toda mi felicidad.*

⭐

A Miguel, su corazón,
un brujo le dijo un día
que en el bosque, por la noche,
la flor más bella crecía,
que había magia dentro de ella
y que solo se abriría
si la miraba una estrella.

⭐

Y quiso que a aquella flor
solo la mirara ella.

Porque si una estrella había
que la pudiese mirar
era la bella morena
que lo hacía suspirar.

A buscar aquella flor
todas las noches salió.
Pero aquel anochecer
se fue al bosque ¡y no volvió!

⭐

El bosque se llevó toda mi paz
dejando mudas huellas de dolor.
El bosque me traerá besos de amor
y mi sueño se hará realidad.

Él fue buscando la flor
que mis ojos abrirían,
y el bosque se lo llevó
porque le tenía envidia.

*Pero un día... entre esas ramas,
como un espectro divino,
emergerá de la noche
y regresará conmigo.*

*Atravesará las sombras
con el hechizo del mago
y vendrá resplandeciente*

¡con una flor en la mano!

XXIV

Que tu ángel te proteja,
que los cielos te cobijen
que la música te envuelva,
y todos los astros brillen.

★

¡Que se calle hasta el silencio
cuando tus ojos me miren!

Que la luna te regale
caprichos de luz de plata,
y un rayo de sol te bese
al despertar la mañana.

Que el tiempo no viaje nunca
a lomos de la vejez,
y eternice este momento
en que tus ojos me ven.

XXV

Lo vi llegar a lo lejos
cabalgando en un corcel
¡tan gallardo y poderoso!,
con ademanes de rey.

Tenía el cabello negro,
la piel color aceituna.

Era el sol a mediodía
y, por la noche... la luna.

Era la luz que alumbraba
mi camino noche y día,
era el agua que saciaba
la sed que yo padecía.

Viéndome llorar, me dijo:

–Sube a la grupa, gitana,
que donde yo he de llevarte
no habrá ayer ni habrá mañana.

Ningún pasado vendrá
a arrebatarte la calma.
Sólo un presente infinito
cabalgarán nuestras almas.

★

¡Y me fui! Me fui con él
donde quisiera el destino.
Yo me fui, feliz, con él;
y él, feliz, se fue conmigo.

En una verde pradera,
besada por un gran río,
paramos a darle agua
al corcel que nos ha unido.

Él me dijo de rodillas:
–¿Quieres casarte conmigo?

Y en mi dedo colocó
de pura plata un anillo
cuando le dije que sí,
que no anhelaba otro sino.

Allí mismo prometí
que le daría un buen hijo
y que ese anillo sería
de nuestra entrega testigo.

–Tan solo te quiero a ti,
sólo quiero estar contigo,
solo perderme en tus brazos
para ir bordando el camino.

Se levantó, miró al cielo…
y con su mano en mi cara
juró que mientras viviera
no me faltaría nada.

Cuando duerme mi cabeza
en su corazón amante
siento que somos dos versos
que riman en consonante.

XXVI

Sólo deseo expresar
lo que yo siento por ti.
Mas, no encontrando palabras,
el silencio habla por mí.

Tal vez un día lejano
pueda yo hacerte sentir
con un abrazo de yedra
todo lo que brota en mí.

No me va alcanzar la vida
para mostrarte mi mundo,
el gozo que late aquí
en este sentir profundo.

Pero con solo escucharte
y saber que estás ahí…
Tan solo sabiendo eso...
Tan solo sabiendo eso
¡soy feliz!

XXVII

La dicha está lejos.
Y esta vida tiene
caminos cerrados
para poder ir.

Pero encontraremos,
si tú lo deseas,
las alas doradas
con las que partir.

Juntos volaremos
a níveos quereres
deshilando todo
lo que no concuerda,

juntos volaremos,
solo si tú quieres,
a eternizar gozos
en algún confín.

Las leyes dicen que no
y yo les que sí.
Si tú accedes, vida mía,
lucharé siempre por ti.

XXVIII

La luna se hizo redonda
para alumbrar tu llegada
a lomos del viejo junio,
dulce, bella zamorana,

Aquella noche de luna,
el Duero te vio nacer
entre fulgores de estrellas
después del anochecer.

Cuando saliste del cielo,
y el destino te nombró,
bella inspiración divina
el mismo Dios te entregó.

Y te dijo: ¡cuídala,
como a ti te cuido yo!...

que habrá corazones niños
que necesiten oír
las canciones que en ti vibran
y que has aprendido aquí.

Aquel veintiocho de junio
bajo la luna lozana,
con el murmullo del Duero
susurrándote una nana,
llegaste al mundo del sueño...
dulce, bella zamorana.

XXIX

–¡Diosa! –le dijo al pasar,
sabiendo que no lo vio.

Y la palma de su mano
la mejilla le rozó.

–¿Quién eres, que así me
nombras?
no reconozco tu voz
ni... ni el tacto de tus manos
ni tu pálido color.

Y sin embargo me nombras
como nadie me nombró
desde una infancia lejana,
que mi memoria olvidó.

–Soy tu ángel de la guarda,
según me hiciste saber
con el más níveo beso
de aquella primera vez.

Aquellos diablillos niños
te insultaron por ser negra,
y tu llanto titilaba
y bajabas tu cabeza.

Te defendí ¡como un hombre!
y al sentirte liberada
me pagaste con un beso
que sigue vivo en mi cara.

Como un príncipe de cuento,
vente conmigo –te dije.

Tú maldijiste aquel día
Y, en cambio, yo… lo bendije.

Porque ese día encontré
en mi camino una estrella

con la piel color del bronce.
¡Y me enamoré de ella!

La ninfa de ojitos negros,
te llamé en mi soledad.
La diosa de negro pelo,
mi diosa negra, el hogar
de mi corazón amante,
de mi anhelo, de mi paz.

¡Diosa! Así te llamaba
mi infancia cuando crecías.
Pero algo sopló en nosotros
que separó nuestras vidas.

Por eso cuando hoy te vi
creció mi felicidad.
Y te llamé... con el nombre
que hoy vuelves a recordar…

ese que desde la infancia
nadie te volvió a llamar.

XXX

**Hay un alma en un lugar,
único en la creación,
al que cierto ángel acude
con idólatra pasión.**

⭐ ⭐ ⭐

*–Dicen que un minuto al día
no mira a nadie ni a nada,
porque mira a una belleza
que la tiene enamorada.*

*Un minuto cada día
descansa de su labor
porque hay un alma radiante
que le roba su atención.*

—¿De quién hablas?

*—De la Muerte.
No es cierta su indignación.
La muerte solo es un ángel
que nos lleva hasta el Señor.*

—Están llamando a la puerta.

*—Abre y déjalo pasar…
es el ángel de la muerte
que la viene a visitar.*

*—Cuéntame esa hermosa historia,
¡anda! ¡la quiero escuchar!*

*—Había un alma tan bella
que brillaba más que el sol;
era una divina estrella,
creada de puro amor.*

Era un alma tan preciosa,
tenía tanto candor,
que al ver tanto amor en ella,
la Muerte se enamoró.

La acechaba noche y día,
andaba a su alrededor,
y llevársela quería,
¡cuántas veces lo intentó!

−¿Y se la llevó con ella?

−No. Nunca lo consiguió.

Intentó hacerle creer
que ella era su señor.
Intentaba seducirla
y, a veces... la amenazó.

Y al ver que no lo lograba,
la Muerte fue a ver a Dios.

–Me dijiste que era mía,
–la Muerte le reprochó–,
me dijiste que en la tierra
solo gobernaba yo.
Que era yo la que elegía
quién partiría y quién no,

que era la que decidía
las horas y los segundos
de las almas encarnadas
que se fueran de este mundo.

Yo te entrego cada día
el alma de más de un ser.

Pero esa me pertenece
¡esa no te la daré!

–Ciertamente yo te dije
que en tu mundo tu tendrás
licencia para ser libre
de elegir quién va a viajar.

*Pero ella no es de tu mundo,
no tienes autoridad.*

*Es un ángel que yo envío
para que pueda ayudar
en los momentos sombríos
a quien lo quiera llamar.*

*¿Oíste decir a alguien
que los milagros existen?
El milagro es esta alma,
que a los perdidos asiste.*

★

Desde ese día la muerte
se abrazó a su soledad
y un minuto cada día
se la oía sollozar.

Quería acercarse a ella
para recibir su amor.
Ya no quería ser muerte…
¡y en ángel se transformó!

Para ver a su alma alada,
con llanto conmovedor,
a Dios, una vez al día,
un minuto le pidió.

−Tan solo un minuto al día
yo te ruego, mi Señor,
para poder contemplarla.

¡Y Dios se lo concedió!

Y desde entonces, el ángel
ese minuto reclama.
Solo lo dedica a ella,
no se acerca a otras almas.

Ese minuto está quieto,
ese minuto descansa
porque lo pasa mirando
la belleza de su amada.

XXXI

Pasó la noche conmigo
la divina inspiración
y estoy dibujando versos
a la salida del sol,
después de una noche egregia
bajo el velo del amor.

★

Y el corazón ha llorado.
Y ha reído la ilusión.
Y ha recorrido sentires,
suspirando, la emoción.

La mente vistió las horas
con pensamientos de honor
mientras la pluma, ternuras
en los cielos escribió.

XXXII

Te dije:

—Adivina lo que tengo
dentro de mi corazón
y del jardín más hermoso
yo te ofreceré una flor.

¡Pero no lo adivinaste!
Y entonces te pregunté
cuál era la flor más bella
que tú quisieras tener

para medirte con ella
en mi dorado vergel.

¿Una rosa carmesí?
¿Un nardo con piel de ángel?
¿Una flor blanca de iris?
¿Una dalia de diamante?

En mi jardín he plantado
las más exquisitas flores,
pero quiero que tú seas
el amor de mis amores.

¡Entra!

Entra y pisa con cuidado
que son flores delicadas,
y yo, juez enamorado,
vuestra belleza compara.

Hay flores de luz de sol,
hay flores de luz de luna
hay flores de oro de estrella…
Pero como tú…
pero como tú... ¡ninguna!

Si hay una certeza diáfana
que mi sentencia emitió
es que tú eres la flor reina
en el jardín de mi amor.

XXXIII

Si perdurase la herida...
si conservara el encono
y el llanto sin esperanza…
estaría muerta en vida.

★

¿Por qué, entonces, la venganza
que me pides, corazón?

Corazón herido y frágil,
¿has perdido la razón?

Si estoy muerta... estoy vacía.
Si no tengo amor... no amo.

¿Para qué, entonces, la vida…
si vivir en una herida
es morir en el dolor?
¿Acaso no es el perdón
la huida a la libertad?
¿Acaso no es precio justo
que se paga por la paz?

⭐

No me condenes a mí
por lo que otros me hicieron.
Permíteme vivir libre.
Déjame vivir sin miedos.

¿No ves que si porto el odio
por una agresión sufrida,
el odio es cadena inútil
y la agresión es herida?

Deja que las cosas sean.
Deja que las cosas sigan.

Corazón, no pidas odio
con el que sobrevivir,
que ese odio es un veneno
que me haces beber a mí.

XXXIV

Con tantas barreras
y etiquetas falsas,
el silencio amordaza
las verdades del alma.

Y una lágrima, en el centro
de un sufrido corazón,
grita eternidades vastas
de solitario dolor.

–Corazón, ¿qué te pasó?
–ya la mente le reclama–.
¿Has perdido la razón?
¿Es que no ves que no te ama?

El corazón, a la mente,
lloroso le respondió:

–No preguntarías eso
si la vieras como yo,
si enredaras su ternura
entre tus dedos de amor.

Pero no puedes sentir
y yo no puedo pensar,
y en esto de los amores
estamos los dos igual:
No tienes ningún poder,
yo no tengo potestad.

Tú rechazas entregarte
a su abismo celestial;
y yo me entrego, sumiso,
a su entera voluntad.

Vamos a cerrar un trato
que sea bueno en verdad:
yo te doy la mitad mía
y tú me das tu mitad.

y así...

ambos equilibraremos
el paso del caminar:
tu aprenderás a sentir
y yo aprenderé a pensar.

XXXV

Iba por la calle larga…
y se oían sus tacones
como tambores heridos
por espadas de temores.

Iba rasgando la noche
con la rabia, con la prisa,
con el dolor que latía
debajo de su camisa.

La acompañaba una pena,
un desgarro la invadía.
Y el fantasma de la angustia,
sin verlo, a su lado iba.

Y con ella me crucé.
Y la miré caminar.
Y me paré frente a ella
para poder preguntar:

–¿Quién, mujer, ha enmudecido
los cánticos de tu vida?
¿quién ha pintado de negro
el carmín de tu sonrisa?

¿Dónde reside el final
de la pena de tu herida?
¿Dónde vas a descansar
cuando termine la huida?

★

Tus dieciocho primaveras
caminan con ese monstruo
que golpea tu cabeza.

Cuando te canses de andar,
cuando detengas tu huida,
tienes abiertos mis brazos
donde estarás protegida.

XXXVI

–¿Y si nos vamos tú y yo
a la tierra del olvido
y eliminamos las huellas
que hagamos en el camino?

¿Quién podría suponer
a dónde hubiéramos ido?
¿Quién podría ir a buscarnos
a un lugar que está perdido?

–¿Y si fuéramos después
a la orillita del mar
y a las dulces caracolas
escucháramos sonar?

—¿Y si fuéramos al éter?

—¿Y si fuéramos al sol?

—¿Y si fuéramos al cielo
a ofrecerle un beso a Dios?

—Volemos a un sueño mágico
donde no haya despertar
y hagamos de lo ficticio
un universo real.

XXXVII

Se consumía la leña
en el fuego del hogar
dando calor al hastío
de la clausura invernal.

Y al lado del fuego estaban,
acurrucadas y quietas,
bajo la luz de la luna,
una abuela con su nieta.

Aquella niña pequeña,
aquella niña cieguita,
con curiosidad de infante
le decía su abuelita:

−Cuéntame cómo es el mar.

★

La abuela miró hacia el cielo
y se la oyó suspirar.

Puso, de nuevo, en su oído
la caracola del mar
que le había regalado
un caminante al pasar.

Tomó sus pequeñas manos,
las metió en un cubo de agua
y le dijo, dibujando
una caricia en su cara:

−El mar es como esta agua
donde tus manos están,
mas si en ella las movieras
no encontrarías final.

De noche y de día luce
perfume de libertad
y canta el cantar eterno
que ahora escuchando estás.

−Abuela ¿cómo es la luna?
−le volvía a preguntar−.

Y la abuela miró al cielo…
Y, volviendo a suspirar,
se dirigió a un mueble viejo.

Cuando se volvió a sentar
puso en sus pequeñas manos
una esfera de cristal.

−Es una pelota graaaaande.

−¿Y sirve para jugar?

−Con ella juegan poetas,
enamorados y brujas.

Y en las noches refulgentes,
cuando está redonda y pura,
ella ha venido despacio
para jugar en tu cuna.

Abuela, ¿cómo es el sol?
—volvió a preguntar la nena—.

Y la abuela, al responderle,
tiernamente la miró:

—El sol es un astro graaande
que nos da vida y calor,
es un astro muy brillante
que da luz con su fulgor.

—¿Qué es brillar, abuela?, dime,
despacio... ¡explícamelo!

Puso la mano en su pecho
y le cantó una canción
que a ella, también su abuelita,
muchas veces le cantó:

–Eso que late en tu pecho,
ese puro corazón,
es como el sol de los cielos
en su divina misión.

Tú eres el sol de mi vida,
tú me das calor y luz.
El sol no sabe que brilla,
como no lo sabes tú.

XXXVIII

Semillitas de dicha
van esparciendo
con su canto las aves
por la mañana.

¿Quién las requiere?
¿Quién las reclama?

Solo pueden tomarlas
los corazones
de los madrugadores
que abren el día.

¿A quién la dicha
se le daría?

**A quien decida
que el despertar
es una nueva
oportunidad.**

XXXIX

Sabes que un beso me debes
y lo tienes que pagar,
porque jamás esa deuda
te la voy a perdonar.

Dámelo, que el beso es mío.
¡Me lo tienes que pagar!
Si no me lo pagas tú,
yo te lo voy a robar.

XL

Abrázame. Fuera hay
un frío desgarrador,
que solo puede abrigar
el sol de tu corazón.

Abrázame. Hay mucho ruido
en la calle y tengo miedo,
y quiero que se diluya
en el latir de tu pecho.

Abrázame con ternura
que por tierra, aire y mar
quiero que vayamos juntos
en este sobrio vagar.

Abrázame fuerte, amor,
que me duele comprobar
que la vida que pasó,
ya no volverá a pasar.

Que me duele ver que siguen
peleando sin treguar
en lugar de volar alto
con alas de libertad.

Abrázame hasta fundirnos.
Ayúdame a recordar
que el poder no está en la meta,
sino en saber transitar.

XLI

Bendita sea la lluvia
que a las semillas sustenta
y el milagro que florece
al llegar la primavera,
cuando, después del invierno,
despierta la vida nueva.

Semillas benefactoras,
germinad y dadnos flores
que la vida alegrarán,
que vestirán de colores
y el aire perfumarán
con exquisitas fragancias
y su amor entregarán
a aquel que sepa apreciarlas.

XLII

Como un dios de los elíseos
campos de mi concepción
volveré sublime aquello
que hasta ahora fue dolor.

⭐

Haré un poema de arcilla
y soplaré sobre él
y los versos uno a uno
de realidad vestiré.

XLIII

Hoy...
Hoy es el bendito día.
Quiero que hagamos las paces.
Quiero abrazarte, por fin.
Quiero, por fin, que me abraces.

Quiero sellar la alianza
de una paz que no ha vivido,
de una paz amordazada
que ha caminado conmigo
¡durante tan largos años!
quiero olvidar esos daños
que, tal vez, ambos hicimos
y olvidemos los agravios
en el pasado camino.

Hoy, por fin... llegó el momento,
ya no quiero esperar más...
firmaré ese documento
que sellará nuestra paz.

Dame un abrazo sincero
y muy fuerte apriétame.

Te perdono, si me heriste.
Si te herí… perdóname.

XLIV

Ven conmigo a las alturas.
Volemos a conocer
parajes desconocidos
donde podamos vencer
a fantasmas enemigos,

donde el miedo que subyuga
no mate al sublime amor,

donde podamos dejar
libertad al corazón
para expresar sentimientos,
para cantar la canción
de los fúlgidos momentos
que la memoria guardó.

XLV

Lo más lejano que veo
en la fría oscuridad
son las estrellas... el sol...
la luna, su majestad...

No te llamaría estrella
por sentirte así de lejos.

Simplemente la distancia
nos separó, sin saberlo.
Y más lejos estás tu
que las estrellas del cielo.

No te llamaría luna,
no te llamaría sol.
Tan solo te llamo huérfano
del abrazo de mi amor.

¿Entendiste? La distancia,
esa que nos separó,
no ha dejado ni un vestigio
del lazo de nuestra unión.

Si ayer fuiste el astro rey
del cielo de mi emoción,
hoy tan solo eres ceniza
de un amor que se quemó.

Y en la historia de mi vida,
no es embeleco, no es broma,
ya eres un punto y aparte
¡ni siquiera un punto y coma!

Agradecimientos:

A **Viviana Noemí Álvarez,** que hizo la portada y las ilustraciones.

A **Wendy Lucía Hidalgo Meléndez,** que editó las ilustraciones.

Libros escritos:

Auryana

Bajo la magia de la luna llena.
Poemas

Made in the USA
Coppell, TX
02 February 2023

11994322R00063